# Nani y Jay Aprenden Financia

# ADMINISTRACION DE DINERO

## Presupuesto
### Deseos vs Necesidades

# Evelyn Fernandez

# DEDICACIÓN

Dedico este libro a las dos personas que mas han influido en convertirme en la mujer que soy hoy. A mi madre y mi marido, los quiero mucho.

Los niños ahora tienen 10 y 14 años,
están emocionados hoy porque sus padres van
hacer un viaje al centro comercial. Mamá y papá les
dijeron que van a comprar ropa nueva. Nani se estaba
imaginando toda la ropa nueva que tendra
y Jay estaba pensando en un nuevo videojuego que
acaba de salir.

Otra cosa que se imagino Nani fue un teléfono celular mas moderno. Jay también estaba pensando en otras cosas que compraría. Aunque tengan su propio dinero, pensaron que sus padres les darían lo que querían como siempre.

"Aquí estamos niños, listos para elegir su ropa?" preguntó Mamá. "Sí," respondieron los niños con entusiasmo. "Genial," dijo Mamá. "Oye Papá, quieres ayudarme a encontrar el videojuego que acaba de salir?" Jay le pregunta a su Papá. Antes de que Papá pudiera responder, Nani dice, "entonces Mamá y yo podemos ir a ver el teléfono celular más nuevo."

Papá está confundido, "espera un minuto, qué está pasando aquí, no fue a comprar ropa que vinimos?" "Tienes razón, Papá, no sabía que vinimos por otras cosas," dice Mamá. "Vinimos a comprar cosas que necesitan, no cosas que quieren," dice Papá.

"Pero necesito el nuevo juego
porque todos mis amigos lo tienen," dijo Jay.
"Si, y yo necesito un nuevo teléfono celular
porque me encanta tomarme selfies,
y la cámara de el mío no es la mejor," Nani dice.

"Jay, no necesitas un nuevo videojuego, porque
tienes varios que ni siquiera has terminado, además
un videojuego no es esencial. Nani, no necesitas
un celular nuevo porque el que tienes funciona
bien. La cámara es un beneficio adicional de
un teléfono celular," dice Papá.

"Vinimos al centro comercial a comprarle ropa, que es lo esencial, sólo porque se han quedado pequeñas la que tienen," dice Mamá. "Qué es lo esencial Mamá?" pregunta Jay. "Lo esencial son las cosas que debemos tener para sobrevivir, como ropa, comida, una casa y un carro."

"Un videojuego y un nuevo teléfono celular no son elementos necesarios para sobrevivir. Mamá y yo tenemos que presupuestar nuestro dinero cada mes. Este mes sólo tenemos lo suficiente para comprar lo esencial. Quizá el mes que viene podamos presupuestar otras cosas," explica Papá.

"Y qué es un presupuesto, esto es demasiado,"
dice Jay con cara de confusión.
"Un presupuesto es cuando sumas todo tu dinero
y escribes a dónde va todo,
como la luz, los comestibles, la cuenta de ahorros,
la electricidad, la casa y cosas así," dice Mamá.

"Hay una diferencia entre las cosas que queremos y las cosas que necesitamos. Por lo tanto, deberíamos comprar primero las cosas que necesitamos, y ver si somos capaces de comprar las cosas que queremos con lo que nos queda. Cuando se toman buenas decisiones sobre el dinero, siempre tendrás dinero extra para las emergencias y las cosas que te gusten," Papá continúa explicando.

## Cosas que queremos

## Cosas que necesitamos

"Nani, digamos que tienes 60 dólares.
Hay tres cosas que quieres comprar.
Un vestido para el concierto de tu coro que se acerca,
un nuevo celular, y más marcos para tu negocio.
Ahora es cuando necesitas presupuestar tu dinero
para tomar la mejor decisión posible," dice Papá.

## Presupuesto $60 Total

## Orden de importancia:

| | |
|---|---|
| Vestido | $35 |
| Marcos | $10 |
| Celular | $50 |

Papá se lo desglosa a Nani.
"El teléfono cuesta 50 dólares, el vestido 35 dólares
y tú necesitas 10 dólares para los marcos. Sabemos que
necesitas el vestido para la semana que viene.
No necesitas el teléfono celular,
porque ya tienes uno.
Y te has quedado sin marcos para tu negocio,
así que necesitas más marcos para ganar dinero.
Qué vas a hacer?"

"No lo sé," responde Nani.
"Bueno, si yo fuera tú, anotaría
cuánto cuesta cada cosa,
y los pondría en orden de importancia,
y a partir de ahí tomaría una decisión.
De hecho, vamos a hacerlo
juntos ahora mismo," continúa Papá.
Papá saca un pequeño cuaderno y un lapiz.

"Lo entiendo," dice Jay, "déjame responder primero. Nani, debes comprar el vestido porque tienes que combinar tu ropa con el resto de tu coro la próxima semana." Nani cree que lo ha entendido. "Yo puedo comprar el celular esta semana, luego comprar los marcos la próxima semana, y comprar el vestido con el dinero que gane con la venta de los marcos." "Y si no vendes los marcos losuficientemente pronto para comprar el vestido?" le pregunta Mamá a Nani.

Mamá se ríe, "No creo que sea la mejor opción. Vamos a ver, creo que deberías ir con el presupuesto que acabamos de discutir. Cuántos marcos vendes en una semana, Nani?" "Puedo vender unos siete," responde Nani. "De acuerdo, siete marcos vendidos a 5 dólares cada uno pueden hacer 35 dólares a la semana. Yo compraría primero el vestido y después siete marcos, porque eso puede hacerte ganar 35 dólares la semana que viene. Con ese dinero puedes comprar el teléfono, pero entonces no te quedará dinero para comprar más marcos."

"Mamá tiene razón, Nani. Esto se llama presupuestar para comprar lo que necesitas antes de comprar lo que quieres. Es muy importante que se haga en esa orden para que sepas exactamente adonde se gasta todo tu dinero. Cuando crezca, será mucho más confuso si no aprendes esto ahora," dice Papá.

"Cuando sabes adonde y come se gasta tu dinero puedes tomar mejores decisiones. Recuerda que cuando quieres algo debes preguntarte, cómo me va a beneficiar? Si puedes responder con una respuesta positiva productiva y beneficiosa, entonces puedes comprarlo, pero si no puedes, añádelo a tu presupuesto del mes siguiente. Cuando necesitas algo deber ser porque es esencial. No olvides añadir siempre tus ahorros como una necesidad," dice Papá.

"Para evitar sorpresas en los costos y poder
comprarte las cosas que quieres
simplemente haz un presupuesto cada mes.
En el presupuesto calcula todo el dinero que ganas,
cuáles son tus objetivos y cuánto te costará
para llegar a tus objetivos," dice Mamá.

"Papá y yo hacemos un presupuesto cada mes.
Nuestro presupuesto siempre incluye
cuánto dinero ganamos,
una lista de todo lo que tenemos que pagar
y los deseos que tenemos.
Aquí está nuestro presupuesto, quizá después de verlo
entenderian mejor lo que es un presupuesto," dice Mamá.

Nani y Jay sólo consiguieron la ropa que necesitaban ese día. Cuando llegaron a casa, Mamá y Papá les enseñaron su presupuesto. Los niños también hicieron un presupuesto cada uno y estaban emocionados por ver cuánto pueden comprar si lo planifican. No compraron el celular ni el videojuego, pero se lo regalaron en las navidades.